Los antiguos lidios: La historia y legado del reino de Lidia en la Edad del Hierro

Por Charles River Editors

Traducido por Areaní Moros

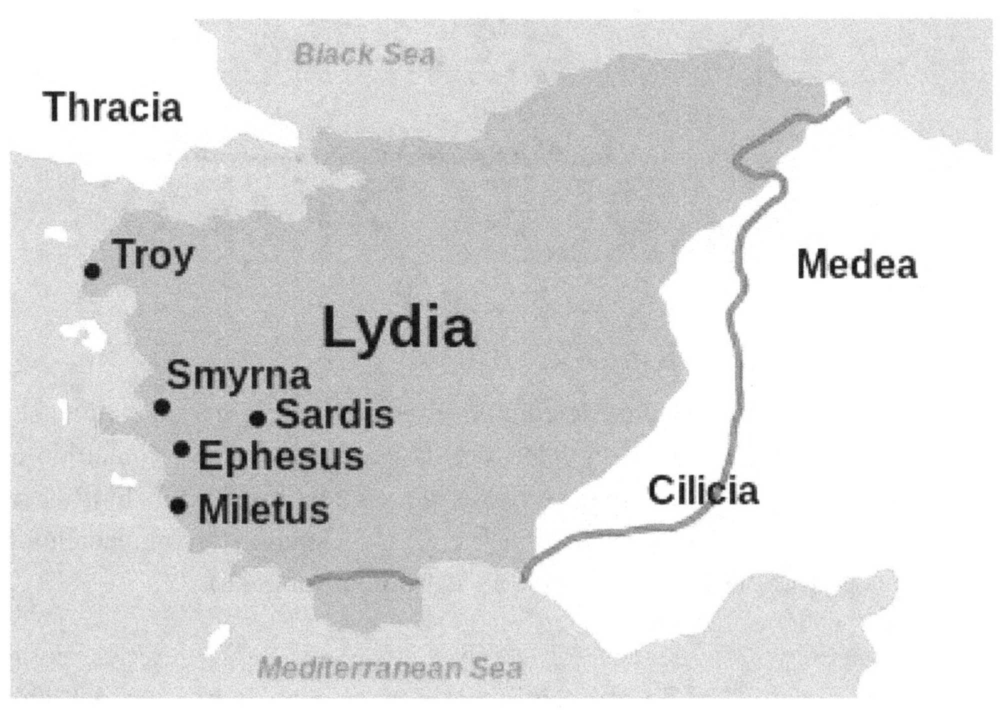

Antigua Lidia
Mapa de Willem B.K.

Mapa de Anatolia durante la era grecorromana

Los lidios

"Cuando todas estas naciones se añadieron al imperio de Lidia, y Sardes estaba en la cúspide de su riqueza y prosperidad, todos los grandes maestros griegos de la época, uno tras otro, hicieron visitas a la capital". – Heródoto

Entre todos los imperios y reinos del mundo antiguo, pocos pueden compararse con el reino de Lidia en términos de riqueza y opulencia. Desde principios del siglo VII a. e. c. hasta mediados del siglo VI a. e. c., los lidios desempeñaron un papel importante en la historia de la región del Mediterráneo oriental, al asumir el rol de intermediarios entre los imperios del Cercano Oriente y la emergente civilización helénica en Grecia. Desde su capital en Sardes, los reyes lidios comerciaron e hicieron alianzas y guerras con cantidad de reyes, tiranos y generales, lo que ultimadamente cimentó su papel como un breve pero históricamente importante pueblo y reino en el mundo antiguo.

Un examen del pueblo lidio y su reino revela que su poder no se materializó de la noche a la mañana, sino que fue un proceso largo que dependió de varios factores. El principal factor que contribuyó al éxito de Lidia fue su riqueza. Los lidios tuvieron la suerte de poseer grandes depósitos de metales preciosos dentro de su territorio, pero lo que realmente los hizo exitosos fue cómo explotaron y utilizaron estos recursos. Fueron el primer pueblo en inventor una moneda que no solo les permitió crear una próspera economía dentro de su propio territorio, sino que les dio una herramienta con qué influenciar tanto a sus amigos como a sus enemigos en el extranjero.

La riqueza de Lidia impresionó a los no lidios hasta tal punto que incluso los más sublimes filósofos griegos que generalmente evitaban la riqueza, elogiaron la alta cultura de Lidia y el pueblo lidio en general, y en particular la grandeza de su cuidad capital, Sardes. Lidia también tuvo éxito porque sus reyes fueron hombres astutos y políticamente inteligentes que conocían el arte supremo de la diplomacia. Los reyes lidios hicieron alianzas basadas no solo en sus intereses inmediatos, sino también con vistas al futuro, pues con frecuencia jugaron a enfrentar un reino contra otro. A la larga, a pesar de su riqueza y astucia, los lidios cayeron víctimas del inexorable poder del gigante persa aqueménida, que consumió su reino, junto con muchos otros, a mediados del siglo VI a. e. c. Pero incluso después de que Lidia fuera conquistada por los persas, el pueblo lidio, y específicamente la ciudad de Sardes, continuaron desempeñando un papel importante en la historia de la región.

Los antiguos lidios: La historia y legado del reino de Lidia en la Edad del Hierro examina la historia de uno de los imperios más influyentes que alguna vez echara raíces en Anatolia. En conjunto con fotografías de personas, lugares y eventos importantes, aprenderá sobre los antiguos Lidios como nunca antes, y en muy poco tiempo.

Los antiguos lidios: La historia y legado del reino de Lidia en la Edad del Hierro

Capítulo 1: Orígenes geográficos y culturales de Lidia y los lidios

El antiguo reino de Lidia fue uno entre varios reinos que surgieron en Anatolia (aproximadamente el equivalente geográfico de la Turquía moderna) tras el colapso del Imperio hitita a manos de los Pueblos del Mar cerca del 1200 a. e. c. (Kuhrt 2010, 2:547). Además de Lidia, los reinos de Urartu y Frigia surgieron como importantes estados sucesores de los hititas a principios del primer milenio antes de la Era Común.

Aunque la mayor parte de Lidia se encontraba en el interior de Anatolia, había algunos centros poblados notables en la costa mediterránea. La ciudad lidia más importante era Sardes, que se encontraba tierra adentro y solo era accesible al mar por ríos o carreteras. De hecho, el historiador griego del siglo V a. e. c., Heródoto, escribió que la única vista digna de ver en Lidia era Sardes, su capital. Heródoto señaló: "El país, a diferencia de algunos otros, tiene pocas maravillas de gran consecuencia para que un historiador las describa, excepto el polvo de oro que es arrastrado desde el Tmolo; puede, no obstante, mostrar la más grandiosa obra hecha por manos humanas en el mundo, aparte de las egipcias y babilónicas: me refiero a la tumba del padre de Creso, Aliates" (Heródoto, I.93).

Busto antiguo de Heródoto

La riqueza que los depósitos de oro de Sardes produjeron para los lidios será discutida a profundidad más adelante, pero Heródoto también señaló que, como resultado de dichos depósitos, los lidios eran una "nación de tenderos" (Heródoto I.155). Los griegos generalmente tomaban una visión entre neutral y negativa en cuanto a esfuerzos económicos, y veían con complejidad la afinidad de los lidios por los negocios. Los griegos que visitaron Sardes quedaron impresionados con su belleza, pero también vieron la búsqueda de dinero de los lidios como una obsesión. Historiadores como Heródoto a menudo se apresuraban a señalar lo que ellos percibían como métodos inmorales que los lidios usaban a veces para adquirir su riqueza. Según Heródoto, los lidios no solo aceptaban la prostitución, sino que promovían la profesión más antigua del mundo como una forma legítima de hacer dinero: "Las jóvenes de clase trabajadora en Lidia se prostituyen sin excepción para reunir dinero para sus dotes, y continúan la práctica hasta que se casan. Ellas eligen a sus propios maridos" (Heródoto I.93).

Moneda lidia del siglo V o VI a. e.c.
Imagen de Georges Jansoone

Joyería lidia
Imagen de Georges Jansoone

Moneda lidia del siglo VI A. E. C.

Aunque las declaraciones de Heródoto sobre la cultura lidia están teñidas de prejuicios y posiblemente cierto grado de sensacionalismo, proporcionan un contexto para las vidas cotidianas de los lidios promedio. Si bien, según las fuentes antiguas, no cabe duda de que los lidios fueron verdaderamente un pueblo de comercio, sus orígenes étnicos siguen siendo un tanto oscuros. Lidia era esencialmente un estado sucesor del colapsado Imperio hitita. Una investigación del idioma lidio revela que el pueblo lidio puede haber estado directamente emparentado con los hititas, indoeuropeos que emigraron a Anatolia en algún momento antes del 2000 a. e. c. (Anthony 43). Los hititas fueron los primeros indoeuropeos que desarrollaron la escritura –alrededor del 1900 a. e. c. (Anthony 43)– y para cuando establecieron dominio sobre la mayor parte de Anatolia a mediados del segundo milenio a. e. c., en la región se hablaban tres idiomas indoeuropeos, estrechamente relacionados: el hitita/arzawano, el luvita o luvio y el palaico (Anthony 43).

Académicos modernos determinaron que el idioma lidio era una forma posterior del luvita (Kuhrt 2:571). Los estudiosos llegaron a esta conclusión al traducir una cantidad de inscripciones bilingües, en arameo y lidio, en Sardes (Sayce 29). Los primeros eruditos en la materia, como Sayce, pudieron determinar que el idioma lidio coincidía en estructura sintáctica con el luvita, y era por ende un idioma relacionado a los hititas (Sayce 38). Si bien el conocimiento académico del lidio aún se encuentra en la etapa infantil, lo que se sabe ha determinado que los hititas fueron esencialmente los ancestros de los lidios, pero la pregunta sigue siendo si los lidios descendían de "sobrevivientes" reales del colapso hitita, o si eran pueblos no indoeuropeos que se unieron y adoptaron el luvita como su idioma. Los académicos continúan divididos en cuanto a este punto, y probablemente nunca se tenga una respuesta definitiva, a menos que aparezca una mayor colección de textos de la era lidia.

Busto que se cree representa a una reina lidia

La cronología de los reyes de Lidia y los eventos importantes asociados con esos gobernantes ha sido seleccionada por estudiosos modernos de una variedad de fuentes antiguas que incluyen a Heródoto, inscripciones locales lidias descifradas, e inscripciones contemporáneas de reinos del Cercano Oriente, como Asiria y Babilonia. Como es el caso con muchos reinos antiguos, la historia temprana de Lidia permanece envuelta en misterio, pues las líneas entre leyenda e historia a menudo eran borrosas. Además, si bien el relato de Heródoto es la fuente antigua más completa sobre la historia de Lidia, debe tratarse con cierto grado de escepticismo, ya que el historiador estaba más interesado en las ciudades griegas y sus relaciones con los lidios, que en registrar puramente la historia de Lidia.

Aun así, los textos de Heródoto todavía ofrecen una base sólida a partir de la cual se puede reconstruir la cronología de Lidia. Según Heródoto, la dinastía lidia más antigua (que en lidio era llamada "tilónica") era conocida como "Heraclida", porque se creía que sus reyes eran descendientes del legendario héroe griego (Heródoto I.6). Quizás la idea de que los lidios podían rastrear a sus reyes hasta Hércules/Heracles haya sido un punto de orgullo para los lidios de la época, pero la realidad es que sus orígenes probablemente se encuentren no muy lejos de casa. Los orígenes lingüísticos del lidio, por ejemplo, apuntan a una fuente hitita, pero el nombre del último rey lidio de la Dinastía Heraclida, Candaules, también conocido como "Mirsilo" –un nombre de sonido conspicuamente anatolio (Robertson 135)– también indica lo mismo. De hecho, "Mursilis" o "Mursili" era un nombre popular, usado por tres reyes hititas diferentes (Macqueen 159). Algunos estudiosos creen que Candaules/Mirsilo puede haber sido un descendiente directo de los reyes hititas (Macqueen 159). Resulta casi imposible determinar una fecha exacta del comienzo de la dinastía Heraclida valiéndose únicamente de Heródoto, pero los académicos modernos han podido establecer una fecha aproximada de cuándo terminó la dinastía.

Alrededor del año 680 a. e. c., la dinastía Heraclida fue derrocada y reemplazada por la dinastía Mermnada, que gobernó Lidia hasta que fue conquistada por los persas aqueménidas hacia el 546 a. e. c. El relato de Heródoto del derrocamiento de los heraclidas es bastante detallado, y algo espeluznante. Según el historiador antiguo, Candaules, el rey heraclida, ofreció dejar que su amigo, Giges, viera desnudarse su esposa, pero cuando la reina se enteró del plan, se volvió contra su esposo. Heródoto escribió:

La soberanía de Lidia, que había pertenecido a los heraclidas, pasó a la familia de Creso –los mermnadas– de la siguiente manera. Candaules, rey de Sardes (los griegos lo llaman Mirsilo), era descendiente de Alceo, hijo de Heracles (…) Un día el rey (que estaba condenado a un mal final) le dijo a Giges: 'Parece que no me crees cuando te digo cuán hermosa es mi esposa. Bueno, un hombre siempre cree a sus ojos mejor que a sus oídos; así que haz como te digo: arréglatelas para verla desnuda' (…) 'Giges —dijo ella, tan pronto como él se presentó—, hay dos opciones abiertas ante ti, y puedes escoger entre ellas. Mata a Candaules y apodérate del trono, conmigo como tu esposa; o muere tú aquí mismo, para que nunca más tu ciega obediencia al rey te tiente a ver lo que no tienes derecho a ver. Uno de ustedes debe morir; ya sea mi esposo, el autor de esta perversa trama; o tú, que has indignado a la decencia al verme desnuda'. (…) Llegó la noche y él la siguió al dormitorio. Ella le puso un cuchillo en la mano, y lo escondió detrás de la misma puerta de antes. Luego, cuando Candaules estaba dormido, salió de detrás de la puerta y atacó. Así, Giges usurpó el trono y se casó con la reina. (Heródoto I.7-12).

Giges no solo estableció a los mermnadas como una dinastía viable, sino que también fue el primer rey que hizo de Lidia una potencia regional. Giges gobernó durante unos treinta años, y en ese tiempo, hizo contactos con una cantidad de pueblos no lidios que influenciarían el curso del reino anatolio. Cuando Giges se hizo rey de Lidia, el Imperio asirio era el reino más poderoso en la región, por lo que era imperativo para el nuevo rey hacer las paces con sus poderosos vecinos al sur para poder asegurar la supervivencia de la Dinastía Mermnada. Textos asirios del periodo se refieren al reino lidio durante el reinado de Giges como bastante nuevo, pero también subordinado a la gran potencia: "Giges, rey de Lidia, una provincia al otro lado del mar, una región distante, cuyo nombre los reyes que vinieron antes de mí, mis padres, no habían oído mencionar, Assur, el dios que me creó, le reveló el honrado nombre de mi majestad en un sueño, diciendo: 'Aférrate a los pies de su alteza, Asurbanipal, rey de Asiria, favorito de Assur, rey de los dioses, señor de todo, y reverencia su dignidad y gobierno real, implora (el favor) de su señorío. Como uno que rinde homenaje y tributos, que tus plegarias vengan a él'". (Luckenbill 2:352).

Era una práctica común en el Antiguo Oriente que los reinos militarmente más débiles rindieran tributo a los más fuertes. Los reinos que pagaban tributos generalmente recibían la protección de aquellos que percibían los tributos de otros reinos, o en el caso de Lidia durante el reinado de Giges, contra diversas tribus de pueblos seminómadas. Los cimerios y escitas probaron ser un problema para Lidia durante los siglos VIII y VII a. e. c. (Kuhrt 2:568) en particular. De acuerdo con los anales asirios, Giges pudo lidiar con estas tribus él mismo, si bien el texto indica cierto grado de apoyo asirio. El texto dice:

Guggu (Gige), rey de Lidia, un distrito al otro lado del mar, un lugar distante, cuyo nombre los reyes que vinieron antes de mí, mis padres, no habían oído mencionar, Assur, el dios que me creó, le reveló el honrado nombre de mi majestad en un sueño, diciendo: 'Aférrate a los pies de su alteza, Asurbanipal, rey de Asiria y conquista a tus enemigos invocando su nombre'. El día que observó esta visión, envió a su mensajero a traerme sus saludos. (Un relato de) esta visión, que él vio, me envió en manos de su mensajero, y me la dio a conocer. Desde el día en que asió mis reales pies, él derrotó, por la ayuda de Assur e Ishtar, los dioses, mis señores, a los cimerios, quienes habían estado acosando a la gente de su tierra, quienes no habían temido a mis padres, ni habían siquiera asido mis reales pies. De entre los jefes de los cimerios, a quienes había conquistado, encadenó a dos jefes con grilletes de hierro, esposas de hierro, y me los envió, junto con sus ricos regalos (Luckenbill 2:297-8).

Lidia se encontraba firmemente dentro del rango de influencia asirio durante el reinado de Giges, pero el rey lidio también estableció contactos con otros reinos importantes del Cercano Oriente. En los treinta años aproximadamente que Giges estuvo en el trono de Lidia, sería testigo del declive del Imperio asirio. Asurbanipal (668-627 a. e. c.), el rey asirio, era un gobernante especialmente agresivo y pudo expandir las fronteras de Asiria al conquistar Egipto en 664 a. e. c. (Luckenbill 2:295), pero el control fue efímero, y cuando el rey asirio murió, el imperio se deshizo rápidamente. Tal vez Giges haya visto la debilidad de Asiria con un ojo maquiavélico, pues Heródoto escribió que mercenarios de Jonia aparecieron en Egipto justo después de que fueron expulsados los asirios, durante el reinado de Psamético I (664-610 a. e. c.), que coincidió con el reinado de Giges.

Heródoto escribió: "Sucedió que una compañía de asaltantes marinos de Jonia y Caria se vio obligada por el mal tiempo a desembarcar en la costa egipcia. Llevaban armadura de bronce, y un egipcio, que nunca había visto algo así, corrió hacia las marismas y le dijo a Psamético que hombres de bronce habían venido del mar y estaban saqueando el país. Al ver en esto el cumplimiento del oráculo, Psamético se hizo amigo de los asaltantes, y con la promesa de ricas recompensas los persuadió a ingresar a su servicio, y con su ayuda y la ayuda de sus partidarios en Egipto derrotó y depuso a sus once enemigos" (Heródoto, *Historias*, II, 152).

El pasaje nunca menciona a Giges o Lidia, pero ya que Lidia era parte de Jonia, y dado que Giges era el rey de Lidia durante este evento, hay una buena posibilidad de que fuera él quien envió a los mercenarios. Giges tomó claramente un enfoque conservador en cuanto a la geopolítica en el Mediterráneo oriental: paga tributo si debes hacerlo, y haz amigos dondequiera que puedas.

Las políticas de Giges en geopolítica parecen haber sido continuadas por sus sucesores. Heródoto y las otras fuentes antiguas son vagos en cuanto a los detalles del reinado de los siguientes dos reyes Lidios, Ardis (ca. 652-630 a. e. c.) y Sadiates (ca. 630-610 a. e. c.). Según Heródoto, Ardis, al igual que su predecesor, se vio agobiado por ataques de los cimerios. Su relato cuenta: "Ardis tomó Priene y atacó Mileto; y durante su reinado los cimerios, expulsados de sus hogares por tribus nómadas escitas, vinieron a Asia y capturaron Sardes, excepto por su ciudadela" (Heródoto, I.15).

Este relato indica que aunque Lidia estaba aún amenazada por asaltantes nómadas durante el reinado de Ardis, el rey lidio aparentemente se sentía lo suficientemente seguro en su posición política para atacar y conquistar otras ciudades en la costa jónica. La política agresiva de Ardis hacia los vecinos anatolios de Lidia fue duplicada por sus sucesores en diversos grados.

Heródoto escribió poco sobre Sadiates más allá de que fue el sucesor de Ardis y reinó por doce años. Su tratamiento del sucesor de Sadiates, Aliates (ca. 610-560 a. e. c.) fue mucho más completo. Según el historiador, Aliates logró eliminar la amenaza bárbara contra Lidia, y luego expandió las fronteras de su reino:

Aliates hizo la guerra con los medos bajo Ciáxares, nieto de Deioces, expulsó a los cimerios de Asia, capturó Esmirna, una ciudad que había sido fundada por personas de Colofón, y atacó a Clazómenas, donde no tuvo éxito como esperaba, pues tuvo que retirarse con mucha pérdida y descalabro.

Además –para continuar el cuento de lo que fue más memorable durante su reinado–, Aliates llevó adelante la guerra de la que había tomado las riendas después de su padre, contra los milesios. Era su costumbre cada año invadir territorio de Mileto cuando los cultivos estaban maduros, y llegar marchando al ritmo de la música de flautas, arpas, y los oboes de agudos y tenor. Al llegar, nunca destruía ni quemaba las casas del país, ni arrancaba sus puertas, sino que las dejaba sin molestar. Se limitaba a destruir los árboles y los cultivos, y luego se retiraba. La razón de esto era el dominio de Mileto sobre el mar, que hacía inútil para este ejército intentar un asedio regular. Los lidios se abstenían de demoler casas para que los milesios, teniendo un lugar donde vivir, pudieran continuar trabajando la tierra y sembrando sus semillas, con el resultado de que ellos mismos tendrían algo que saquear cada vez que invadieran su país" (Heródoto I.16-17).

La guerra entre los lidios y los milesios, que comenzó durante el reinado de Sadiates, se libró durante doce años antes de que Aliates hiciera las paces con ellos (Heródoto I.22). el relato de Heródoto de la guerra entre lidios y milesios ha sido corroborado por excavaciones arqueológicas modernas en Esmirna (Kuhrt 2:569).

Las excavaciones arqueológicas también han confirmado que Aliates conquistó el reino vecino de Frigia en Anatolia; una enorme fortaleza lidia desenterrada allí apunta a una presencia militar (Kuhrt 2:569), y el descubrimiento de cerámica lidia indica que los conquistados frigios habían asimilado aspectos de la cultura lidia (Kuhrt 2:567). Los milesios y frigios lograron construir reinos impresionantes por derecho propio, pero ninguno se estableció a sí mismo como amenaza militar, lo que sin duda los dejó vulnerables a fuerzas externas. Para mediados del siglo VI a. e. c., los lidios habían establecido una hegemonía militar, política y económica sobre la mayor parte de Anatolia y pocos en la región podían desafiarlos en alguno de estos aspectos. Los medos, sin embargo, mencionados en el pasaje anterior, eran una de las principales potencias militares en el Cercano Oriente durante este periodo, y representaban una amenaza definitiva para el poder de Lidia.

Jarra lidia
Fotografía de Arif Solak

Los medos eran un grupo étnico indoeuropeo de Persia (van de Mieroop 267) quienes, junto con los neobabilonios, derrocaron al poderoso Imperio asirio cuando saquearon Nínive en 612 a. e. c. A medida que los imperios medo y neobabilónico se expandieron, también lo hizo el reino de Lidia, lo que los colocó en un curso de colisión directa con los medos. Según Heródoto, un grupo de escitas que los medos estaban buscando por homicidio huyó a Lidia, y Aliates accedió a ofrecerles protección: "Ciáxares exigió que los entregaran; pero cuando Aliates se negó, estalló la guerra entre los dos países y continuó por cinco años, durante los cuales tanto los lidios como los medos obtuvieron varias victorias. Una batalla se libró de noche. Pero entonces, luego de cinco años de guerra irresoluta, tuvo lugar una batalla en la que los ejércitos ya habían entrado en combate cuando el día súbitamente se tornó en noche (…) Tanto lidios como medos cesaron la lucha cuando vieron este oscurecimiento del día: estaban más ansiosos de lo que habían estado por concluir la paz, y Siennesis de Cilicia y Labineto de babilonia, quienes fueron los hombres responsables del pacto para mantener la paz y del intercambio de matrimonios entre los dos reinos, lograron una reconciliación" (Heródoto I.74).

Aliates estableció un sistema diplomático, seguido por su sucesor, que involucraba una alianza matrimonial continua con los medos, y mayor contacto y alianzas con los otros vecinos poderosos de Lidia.

Capítulo 3: Creso, el más grande de los reyes de Lidia

Una moneda de Lidia con la imagen de un león y un toro que fue acuñada bajo Creso

El rey lidio a quien Heródoto dedicó la mayoría de sus pasajes, fue también el último rey lidio. Creso expandió las fronteras de Lidia, estableció varias alianzas con potencias extranjeras, e hizo aun más grandiosa a la ya impresionante ciudad de Sardes. Cuando Creso accedió al trono lidio, tenía 35 años de edad (Heródoto I.6), y era un alumno apto de su padre, Aliates, pues siguió muchos de sus programas políticos y militares.

Una de las ideas con más visión de futuro que empleó Creso fue establecer vínculos militares y económicos con los estados más fuertes en el Mediterráneo oriental. Según Heródoto, Creso conquistó a los griegos jonios, mientras que hizo alianzas con los del continente. El historiador señaló: "Fue el primer extranjero, hasta donde sabemos, que entró en contacto directo con los griegos, tanto en forma de conquista como de alianza, obligando a los jonios, eolios y dorios asiáticos, y formando un pacto de amistad con los lacedemonios" (Heródoto I.6). Lacedemonio es un término usado comúnmente por escritores antiguos para referirse a los espartanos, conocidos en toda su región por sus habilidades marciales.

Creso, al igual que su padre, también mantuvo una alianza matrimonial con los medos, y estaba en términos amistosos con los reyes de la dinastía XXVI de Egipto, así como la dinastía neobabilónica (Kuhrt 2:569). Aparentemente era un líder astuto, pues al hacer alianzas con los estados mas fuertes de la región, conquistó a los más débiles. Las alianzas que hizo Creso con otros estados en la región le permitieron seguir persiguiendo los intereses imperiales de Lidia que inició primero su padre. La alianza con Esparta, en particular, fue probablemente la que más lo ayudó, ya que la costa jónica (la costa occidental de Anatolia) estaba habitada principalmente por griegos.

Para mediados de su reinado, Creso había podido conquistar la mayor parte de Anatolia. Heródoto explicó: "Con el transcurso del tiempo Creso sometió a todos los pueblos al oeste del río Halys [Kizilirmak], a excepción de los cilicios y licios. Al resto los mantuvo en sujeción: Lidios, frigios, misios, mariandinos, calibes, paflagonios, tracios (tinos y bitinios), carios jonios, dorios, eolios y panfilios" (Heródoto I.28).

Es importante tener en cuenta que los últimos cuatro pueblos enumerados en este pasaje eran todos de origen griego, lo que apunta hacia la importancia de la alianza lidia-espartana. Los lidios pudieron conquistar casi toda Anatolia, incluidas varias polis griegas, mientras los poderosos espartanos lo aceptaron. Creso no pasó todo su tiempo como rey de Lidia únicamente dedicado a las artes de la diplomacia y la guerra; el rey también se dispuso a enriquecer su tierra, y su ego.

El rey lidio no tuvo que hacer mucho para enriquecer aún más su reino, pues había un gran depósito de oro afuera de Sardes que parecía infinito en ese entonces. Una vez que Creso expandió el ámbito de su reino y se aseguró de que las arcas reales estuvieran llenas de oro, invitó a personajes notables de todo el mundo civilizado para que se maravillaran con su reino, y con la ciudad de Sardes en particular.

Un interesante pasaje de Heródoto ilustra el ego y orgullo desmedido de Creso. Entre los extranjeros notables que visitaron Lidia durante su reinado estuvo Solón, el ateniense. A Solón se le atribuye ser el legislador de Atenas, y por ende, uno de los hombres más sabios en el mundo helénico. Creso invitó a Solón a Lidia, con el objetivo de impresionar al legislador con la naturaleza ostentosa del reino. Creso sabía que Solón era un hombre sabio, y le preguntó quién pensaba él que era el hombre más feliz que hubiera visto, quizás pensando que lo mencionaría a él. Según Heródoto, Creso no recibió la respuesta que esperaba:

> [Creso] le hospedó y entretuvo en su palacio, y al tercer o cuarto día de su llegada dio orden a algunos cortesanos para que mostrasen al nuevo huésped los tesoros reales y le señalaran las riquezas y magnificencia de todo. Cuando Solón había hecho una inspección tan exhaustiva como permitió la oportunidad, Creso le dijo: 'Bien, mi amigo ateniense, he escuchado mucho sobre tu sabiduría, y cuánto has viajado en la búsqueda del conocimiento, no puedo resistir mi deseo de hacerte una pregunta: ¿Quién es el hombre más feliz que hayas visto?' (…) — 'Un hombre por ser muy rico no es más feliz que otro que sólo cuenta con la subsistencia diaria, si la fortuna no le concede disfrutar hasta el fin de su primera dicha. ¿Y cuántos infelices vemos entre los hombres opulentos, al paso que muchos con un moderado patrimonio gozan de la felicidad? (…) Pero quien tiene la mayor cantidad de las cosas buenas que he mencionado, y las guarda hasta el final, y muere una muerte pacífica, ese hombre, Creso, merece, en mi opinión, ser llamado feliz'. Este discurso, sin mezcla de adulación ni de cortesanos miramientos, desagradó a Creso, quien dejó ir a Solón con fría indiferencia, convencido de que era un tonto. Porque, ¿qué podría ser más estúpido que seguir diciéndole que mirara el "término" de todo, sin tener en cuenta la prosperidad actual? (Heródoto I.30-33)

Este pasaje demuestra vívidamente no solo la arrogancia de Creso, sino también su incapacidad de poner las situaciones importantes en el contexto apropiado.

Puede que Creso haya expandido las fronteras de Lidia, y hecho de Sardes la envidia del mundo civilizado, pero el rey lidio cometió un error fatal en su evaluación de la situación geopolítica en la región a mediados del siglo VI a. e. c. Al comienzo de ese siglo, parecía una apuesta segura para los lidios aliarse con los medos, babilonios, egipcios y espartanos, pero para mediados del siglo, uno de esos reinos había sido eliminado, y los otros tres estaban amenazados. La dinastía aqueménida persa pasó de ser un pequeño, atrasado y poco conocido reino, a un imperio mundial en un periodo de tiempo relativamente corto, al consumir rápidamente las principales potencias del Cercano Oriente, comenzando con sus vecinos, los medos. Los persas, bajo su rey, Ciro, se expandieron desde su tierra natal en las colinas del sur de Persia hacia el norte a la meseta iraní, y conquistaron la capital meda de Ecbatana alrededor del año 550 a. e. c., derrotando así y sacando del trono al rey de Media, Astiages (Briant 33).

En su mayor parte, los reyes persas aqueménidas practicaron una política de continuidad, donde siguieron empleando conceptos medos de autoridad real y esencialmente gobernaron un reino con los mismos límites (Briant 31-34), pero Creso tomaba seriamente su alianza y matrimonio diplomático con los medos, y eligió oponerse a los persas. Heródoto escribió: "Creso, privado de su hijo, cubrióse de luto por dos años, al cabo de los cuales, reflexionando que el imperio de Astiages, hijo de Ciáxares, había sido destruido por Ciro, hijo de Cambises, y que el poder de los persas iba creciendo de día en día, suspendió su llanto y se puso a meditar sobre los medios de abatir la dominación persiana, antes que llegara a la mayor grandeza" (Heródoto I. 46).

La decisión de Creso de honrar su alianza con los medos dio lugar a la desaparición definitiva del reino de Lidia, pues provocó la ira del inmenso y agresivo Imperio aqueménida.

Dado que las fuentes primarias disponibles no indican fechas concretas, los historiadores no han podido precisar los años exactos de la guerra entre Lidia y Persia, pero Briant ha propuesto los años 546 o 542-541 a. e. c. como posibles fechas (Briant 34). De cualquier manera, de acuerdo con fuentes antiguas, Creso y los lidios desafortunadamente no estaban preparados para emprender una gran campaña militar contra cualquier enemigo, mucho menos uno tan grande y poderoso como los persas aqueménidas. Las fuerzas lidias rápidamente fueron superadas, y los persas pudieron rodear y asediar Sardes. Creso demostró su arrogancia una vez más al enviar un mensaje pidiendo ayuda sin urgencia a los aliados de Lidia. Heródoto explicó: "Así comenzó el asedio de Sardes, y Creso, creyendo que duraría largo tiempo, envió un segundo llamado de ayuda a sus aliados. El primer mensajero había sido enviado a pedir refuerzos que estuvieran en Sardes luego de cuatro meses, pero estos, ahora que Creso ya estaba sitiado, debían rogar por ayuda inmediata. Se apeló a todos los estados que tenían tratados con Creso, pero la solicitud más urgente fue para Esparta" (Heródoto I. 81).

A medida que la situación en Sardes se deterioraba, Creso comprendió que debía actuar con rapidez, por lo que envió otra solicitud de ayuda a Esparta, la que, desafortunadamente para los lidios, llegó demasiado tarde: "Fue en medio de estos problemas que el mensajero llegó a Esparta pidiendo ayuda para levantar el asedio de Sardes, y los espartanos a pesar de sus dificultades estuvieron muy dispuestos a prestar asistencia, cuando escucharon lo que él tenía que decir. Pero para cuando sus preparaciones estuvieron completas y sus barcos listos para zarpar, un segundo mensaje trajo la noticia de que la ciudad había caído y Creso era ahora un prisionero. Se llenaron de consternación al escuchar de su infortunio, pero no pudieron hacer más" (Heródoto I. 86).

Para ser justos con Creso, los persas aqueménidas tenían la ventaja de sus números y armas de asedio avanzadas (Briant 35). Ciro también realizó la que era una maniobra militar rara en la Antigüedad, al atacar a Lidia en pleno invierno, lo que sorprendió a los lidios con la guardia baja (Briant 35). Los espartanos, junto con los atenienses, más adelante desafiarían a los persas aqueménidas en las llamadas guerras médicas, pero no pudieron rescatar a Creso de las manos del destino. A pesar de haber sido conquistado por los persas, aún había más capítulos por escribir en la historia de Creso y Sardes.

Hay un claro consenso entre los historiadores modernos, de que Lidia fue conquistada por los persas aqueménidas en algún momento de la segunda mitad del siglo VI a. e. c., pero persiste el desacuerdo en cuanto al destino final de Creso. El desacuerdo proviene de fuentes primarias contradictorias, ya que Heródoto afirmó que Ciro perdonó la vida a Creso, mientras que las fuentes babilonias indican que probablemente fue asesinado. Heródoto escribió:

> Los persas llevaron a su prisionero a la presencia del rey, y Ciro encadenó a Creso y lo colocó con catorce mancebos lidios en una gran pira que había construido (...) Entonces lo bajó de la pira y dijo: 'Dime, Creso, ¿Qué hombre te persuadió a marchar contra mi país y ser mi enemigo en lugar de mi amigo?'
>
> 'Rey —respondió Creso—, esto lo hice impelido de la fortuna, que se te muestra favorable y a mí adversa. De todo tiene la culpa el dios de los griegos, que me alucinó con esperanzas halagüeñas; porque, ¿quién hay tan necio que prefiera sin motivo la guerra a las dulzuras de la paz? En paz los hijos dan sepultura a sus padres, pero en la guerra son los padres quienes la dan a sus hijos. Debe haber sido la voluntad del cielo que esto sucediera'.
>
> Ciro hizo que le quitaran las cadenas y lo invitó a sentarse a su lado. Le dio muestras de aprecio y lo miró con asombro y admiración, al igual que todos los que estaban lo suficientemente cerca como para ver". (Heródoto I.86-87)

El benevolente Ciro de Heródoto se contrasta con el más brutal rey persa representado en las *Crónicas Mesopotámicas* (o *de Babilonia*). Las *Crónicas* dicen: "Nabonido, el rey, (se quedó) en Tema; el príncipe heredero, los oficiales y el ejército (estaban) en Akkad. El rey no vino a Babilonia para la (ceremonia del) mes de Nisanu (...) En el mes de Nisanu, Ciro, rey de Persia, convocó a su ejército y cruzó el Tigris más abajo de la ciudad de Arbela. En el mes Aiaru [marchó] contra el país Li[dia] (...) mató a su rey, tomó sus posesiones, puso (allí) una guarnición propia. Después su guarnición así como el rey permanecieron allí" (Pritchard 306).

El hecho de que las *Crónicas* nunca mencionan el nombre del rey de Lidia, ha llevado a algunos estudiosos modernos a argumentar que los eventos descritos aquí son en relación con la conquista aqueménida de Babilonia en el 539 a. e. c., y no la conquista de Lidia, que ya había sucedido (Briant 34). La realidad es que el texto afirma claramente que Ciro "mató a su rey", lo que únicamente puede referirse a Creso, puesto que Lidia nunca tuvo otro rey nativo después de la conquista persa. Alternativamente, este puede ser un caso de confusión de la cronología de los eventos por parte del cronista, pero esto aún no explica el relato de Heródoto.

Una posibilidad, que sincroniza los dos relatos, implica que el relato de Heródoto está basado en hechos, mientras que los eventos en las *Crónicas* describen a un usurpador rebelde que intentó reclamar el trono lidio y expulsar a los señores persas. Hasta que se encuentre más evidencia en forma de textos perdidos o nuevos descubrimientos arqueológicos, el debate sobre el destino de Creso continuará.

Capítulo 4: Religión lidia

La comprensión de la religión lidia, así como la cronología del reino, es una propuesta que entraña dificultades, puesto que hay pocos "textos religiosos" de Lidia existentes. De nuevo, Heródoto ofrece a los estudiosos modernos una idea de las prácticas religiosas de la realeza lidia, pero pareciera haber un abismo entre la religión de los nobles y la de la mayoría de los lidios. Las fuentes primarias, tanto griegas como lidias, indican que los gobernantes lidios favorecían una religión más helénica, mientras que los descubrimientos arqueológicos indican que la mayoría de los lidios practicaba una religión anatolia más nativa, más cercana a la de los hititas.

Un examen de las fuentes primarias demuestra que los reyes lidios siguieron muchos aspectos de la religión helénica, al menos exteriormente. Comenzando con Giges, el Oráculo de Delfos desempeñó un papel importante en la toma de decisiones de los reyes lidios, quienes eran conocidos por extender su naturaleza ostentosa hacia el Oráculo. Heródoto señaló: "Giges, tan pronto como se había hecho supremo, envió una serie de regalos al santuario en Delfos; de hecho, casi toda la plata allí vino de él, y además presentó un gran número de vasijas de oro de diversos tipos, siendo las más notables seis cuencos para mezclar" (Heródoto I.14).

Las razones de Giges para enriquecer al Oráculo de Delfos fueron probablemente algo complejas: sus esfuerzos llevaron a Lidia más cerca de Esparta, por lo que había, sin duda, una consideración política, pero él y sus sucesores también parecen haber creído genuinamente en el poder del Oráculo. Cuando Aliates llegó al trono lidio también consultó al Oráculo sobre su salud, como explica Heródoto: "Pero cuando el ejército regresó a Sardes, Aliates cayó enfermo. Durante un tiempo considerable no mejoró; así que, ya sea por el consejo de alguien, o porque pensó que sería lo más sensato, envió [a alguien] a Delfos para preguntarle al dios por su salud" (Heródoto I.19).

La mente cínica podría argumentar que el mecenazgo lidio del Oráculo de Delfos nació más de consideraciones políticas y personales que de alguna creencia genuina en el panteón helénico, pero otros pasajes de Heródoto revelan que los lidios quizás tenían una creencia más profunda en la religión griega.

Aliates se recuperó de su enfermedad casi al mismo tiempo que terminó su campaña contra los milesios. En el mundo antiguo, tales ocasiones a menudo eran vistas como signos propicios de los dioses, por lo que la parte en cuestión solía sacrificar algunos animales a los dioses que creía lo habían ayudado a conseguir la fortuna. En lugar de ofrendar algunos insignificantes animales a los dioses como agradecimiento, Aliates, muy a la manera lidia, dedicó dos nuevos templos en Anatolia a la diosa griega, Atenea. Heródoto escribió: "Aliates hizo las paces con los milesios y dedicó templos a las deidades griegas para celebrar la ocasión. Según los términos de la paz los dos pueblos después se hicieron amigos y aliados; Aliates construyó dos templos para Atenea en Assesus en lugar de uno, y recuperó su salud" (Heródoto I.22).

Poco tiempo después, el hijo de Aliates, Creso, también consideró oportuno ofrecer sacrificios al dios griego Apolo, y de nuevo, a la manera lidia, Creso ofreció sacrificio como ninguno antes. "Creso ahora intentó ganar el favor del Apolo de Delfos mediante un magnífico sacrificio. De cada tipo de animal apropiado mató tres mil; quemó en una enorme pila una cantidad de objetos preciosos –sofás cubiertos de oro o plata, copas de oro, túnicas y otras prendas de vivos colores– con la esperanza de vincular al dios más estrechamente con su interés; y emitió la orden de que cada lidio también debía ofrecer sacrificio de acuerdo con sus medios" (Heródoto I.50).

Los reyes lidios adoptaron la religión helénica para ganarse el favor de sus vecinos griegos, y como un medio para demostrar a los griegos la riqueza de su reino. Esto no excluye que los reyes lidios creyeran en la religión, ya que a todas luces eran creyentes, pero la religión de los griegos no era la religión nativa en lidia.

Prueba de esto son las inscripciones existentes de Sardes, que indican la importancia del panteón griego para los lidios. Una de las primeras inscripciones bilingües arameas-lidias traducida por eruditos modernos era de una tumba en Sardes. La inscripción hace numerosas referencias a deidades helénicas, especialmente versiones que se creía habitaban en Anatolia. La inscripción dice: "Esta tumba a Apolo y Artemisa está dedicada, apartada; ahora quien lastime o no-vivo [sic], al perpetrador maldecirán Apolo, Zeus y Artemisa de Éfeso. Es el año cinco. Dice Mitrídates de Mitra el sacerdote: la imagen o cámara, también todo lo que allí hay, es mío. Ahora los descendientes serán enterrados aquí junto a mí. Ahora lo que poseo es la completa propiedad (de dicha persona). Ahora de ello aquel que remueva las imágenes, al que lo haga tanto Apolo como Artemisa lo privarán a él y a su familia de agua, e incurrirá la ira (de los dioses) (…) ni tampoco serán aquí enterrados ni él ni su familia. Y aquello mío que poseo (es) propiedad del heredero" (Sayce 38-39).

Casi todas las deidades mencionadas –Apolo, Zeus y Artemisa– son claramente de origen griego, pero interesantemente, el sacerdote mencionado tiene el nombre decididamente persa de "Mitrídates", y se dice que es de "Mitra", que era una deidad persa. La religión del estado de Lidia también, aparentemente, continuó algunos elementos de su pasado anatolio. Según Heródoto, el templo mas importante en Sardes no estaba dedicado a Apolo o Zeus sino a la diosa anatolia de la tierra, Cibeles o Cibebe (Heródoto V.102). No es mucho lo que se sabe sobre la teología lidia de Cibeles, o los rituales en torno al culto de la diosa, pero el que los griegos destruyeran su templo en Sardes se convirtió en una fuente de gran animosidad. En definitiva, la religión oficial de los nobles lidios era una de sincretismo, que combinaba elementos del mito y religión helénico y anatolio, y elementos religiosos de más al este.

Las ruinas del Templo de Artemisa en Sardes
Fotografía de Klaus-Peter Simon

Otra vista del Templo de Artemisa en Sardes

La religión de las masas lidias es otra historia. Sabemos que los lidios compartían similitudes lingüísticas y geográficas con sus predecesores hititas, pero un examen de la religión lidia de la gente común indica que también pueden haber compartido similitudes culturales. De todas las religiones de los pueblos del Cercano Oriente en la Edad del Bronce, la religión hitita es la menos conocida para los estudiosos modernos. Si bien hay muchos textos rituales y mágicos hititas, no existe ningún texto conocido relacionado con un discurso cosmológico detallado, y los eruditos quedan con muchas lagunas en ese aspecto (Beckman 98).

A pesar de la ausencia de muchos textos mitológicos hititas, los textos rituales, combinados con descubrimientos arqueológicos modernos en Sardes, de hecho proporcionan la mejor fuente con la que los académicos modernos han podido reconstruir la religión lidia del día a día, no de la realeza. Un descubrimiento arqueológico en Sardes en la década de 1960, en el que se excavaron más de treinta entierros que parecían ser los restos de una comida ceremonial (Kuhrt 2:571), podría ayudar a añadir algunas piezas faltantes al rompecabezas. Además de algunos platos y otros utensilios para comer, también se descubrieron restos de caninos (Kuhrt 2:571). Determinar la importancia y propósito de estos entierros ha sido difícil, pues no estaban acompañados de inscripciones y no se conoce ningún texto de la era lidia que describa rituales similares. Los restos fueron descubiertos en los pisos de las que pudieron haber sido pequeñas casas o tiendas, lo que indica que esa parte de la ciudad era quizás el barrio de artesanos o comerciantes (Robertson 123-4). El contexto geográfico indica claramente que cualquiera haya sido el ritual que tuvo lugar en estos hogares, era parte de los rituales religiosos cotidianos de los lidios que no eran de la realeza.

El significado religioso, los orígenes y la importancia de estos rituales continúa siendo un tanto enigmático para los eruditos modernos, pero se ha llegado a conclusiones razonables que ubican los rituales en un contexto anatolio. Un examen de otros rituales religiosos antiguos que involucraban caninos revela que no había paralelos en la religión griega. Los griegos eran conocidos por sacrificar perros de vez en cuando para afectar un resultado propicio a cierta situación por parte de los dioses, pero el escenario parece ser bastante diferente a lo que se descubrió en Sardes (Robertson 124). Cuando los griegos sacrificaban perros, el ritual generalmente se realizaba en público, en un templo o algún otro lugar público, y nunca en la privacidad de un hogar, como es el caso de los rituales en Sardes (Robertson 124). Debido a esto, Robertson buscó un precedente en la historia de Anatolia. Una gran parte de los textos religiosos hititas existentes consiste en hechizos y encantamientos, muchos de los cuales se usaban para proteger a un individuo específico y su casa. Un texto hitita de protección en particular, parece encajar en el contexto de los entierros de perros en Sardes. El texto dice:

> La anciana toma un cerdo pequeño, los presenta a ellos y habla de la siguiente manera: "¡Mirad! Ha sido engordado con hierba (y) grano. ¡Así como este no verá el cielo y no verá a los (otros) cerditos de nuevo, así mismo que las maldiciones malvadas tampoco vean a estos sacrificadores!".

> Agita al pequeño cerdo sobre ellos y luego lo matan. Cavan un hoyo en el suelo y lo ponen en él. Pusieron una hogaza de sacrificio con él, ella también derrama una libación de vino y nivelan el suelo" (Pritchard 351).

La diferencia notable entre el texto hitita y los entierros de Sardes es que se usó un cerdo en lugar de un perro. Robertson cree que los entierros de Sardes eran parte de un ritual más grande, esencialmente hitita en origen, hecho de vez en cuando para proteger el edificio (Robertson 127). Los lidios tenían orígenes hititas en su idioma, así que no debe sorprender que también heredaran aspectos de la religión hitita. Los reyes lidios favorecieron el panteón griego y la religión helénica, junto con sus tradiciones nativas anatolias, por una variedad de razones, mientras que parece que la mayoría de la población lidia practicaba una versión de la religión que se había conocido y practicado durante varios siglos para cuando el reino de Lidia se hizo poderoso. La religión claramente desempeñó un papel importante en la cultura lidia, y en el centro de toda la cultura lidia estaba la ciudad de Sardes.

Fotografías de mosaicos encontrados en Sardes

El mundo antiguo estaba lleno de muchas ciudades magníficas: Babilonia, Menfis, Nínive y Atenas eran solo algunas de esas grandes metrópolis. Todas estas ciudades alcanzaron la grandeza por diversas razones. Algunas, como Atenas, se hicieron conocidas como centros de aprendizaje y conocimiento, mientras otras, como Babilonia, se convirtieron en centros religiosos importantes. La antigua Sardes también era conocida por sus templos y escuelas, pero lo que hacía a la ciudad verdaderamente grandiosa eran sus mercados y minas. Los lidios eran conocidos por su sagacidad económica, y fue en Sardes donde condujeron la mayor parte de sus negocios y dedicaron casi todas sus ganancias. El resultado fue que, por un breve periodo en la historia mundial, Sardes fue la joya de la región.

Las excavaciones arqueológicas han determinado que existieron asentamientos en Sardes desde principios del primer milenio antes de nuestra era en adelante, pero fue durante el siglo VII cuando el lugar se hizo verdaderamente impresionante (Kuhrt 2:567). El acenso de Sardes a la fama coincide con el gobierno de la Dinastía Mermnada, que se enriqueció a sí misma, a Lidia y a la capital de Sardes. Reconstruir el diseño y distribución de una ciudad antigua es una empresa difícil y tediosa para los arqueólogos modernos, pero afortunadamente para Sardes, muy poco desarrollo moderno ha invadido el sitio antiguo. El diseño de Sardes siguió una influencia decididamente helenística, con una acrópolis que contenía el palacio real que dominaba el horizonte. Debajo de la acrópolis, en una planicie, estaba la ciudad misma, protegida por un muro de piedra (Kuhrt 2:570). La mayoría de las casas excavadas, que datan del siglo VI a. e. c., eran bastante espaciosas y ostentosas en comparación con las de otros pueblos del mismo periodo. Los casas de Sardes estaban techadas con tejas. Hermosos frisos de terracota eran decoraciones populares para los habitantes de la ciudad durante el siglo VI a. e. c. (Kuhrt 2:570).

Las casas y el palacio de Sardes deben haber sido un espectáculo digno de ser visto, pero quizás la verdadera historia de Sardes esté en el origen de su riqueza, que explica cómo pudieron los lidios hacer tan hermosa a Sardes. Si Sardes era la fuente de la riqueza y poder de Lidia, entonces el río Pactolo era la fuente de la riqueza de Sardes. Esta ciudad es rara, pero no completamente única si se le compara con muchas otras grandes ciudades en la historia del mundo, porque no tenía acceso al mar. Muchas de las grandes ciudades del mundo se encuentran junto al océano o extremadamente cerca de él, lo que ayuda a facilitar el comercio y a que las personas de la ciudad tengan una ventaja si emprenden una guerra. Las ciudades costeras pueden enviar más tropas en barcos, y sus puertos pueden importar y exportar bienes a nivel mundial. Si no estaban ubicadas en una costa, lo mejor que podían esperar las ciudades en el mundo premoderno era tener acceso a la costa a través de un río. Los egipcios, mesopotamios y primeros chinos todos se desarrollaron lejos de la costa porque tenían el beneficio de ríos dadores de vida con acceso al océano.

El río Pactolo quizás no sea el Nilo o el Éufrates, pero le dio a los lidios acceso a la costa, y más importante, contenía minerales que resultaron ser la sangre vital de la cultura lidia. El río, que atravesaba el centro de Sardes, contenía depósitos naturales de electro, o *electrum*. Esta aleación de oro y plata puede tratarse para separar los dos metales, como lo hicieron los lidios, o comerciarse y usarse como estaba, como hicieron los egipcios. Los lidios recolectaban los depósitos de electro del río y extraían el oro en una gran refinería, ubicada en la principal carretera norte-sur en Sardes (Kuhrt 2:570). Este fácil acceso a metales preciosos significó que los lidios pudieron comerciar con oro y plata en lingotes, que era la práctica estándar de los reyes de los grandes reinos del Cercano Oriente durante la Edad del Bronce. Alternativamente, eran libres de crear nuevos usos para el metal, como señaló Heródoto: "Los lidios fueron el primer pueblo que sabemos en usar monedas de oro y plata y en introducir el comercio minorista" (I.94).

Además de ser la fuente de la riqueza de Lidia, Sardes también era un centro de conocimiento y cultura en toda la región. Solón, el legislador ateniense, visitó Sardes por un tiempo, pero él no fue la púnica luminaria cultural que visitó la ciudad. A principios del siglo VI a. e. c., Sardes se convirtió en un imán para filósofos de toda la región. Heródoto señaló: "Cuando todas estas naciones se añadieron al imperio de Lidia, y Sardes estaba en la cúspide de su riqueza y prosperidad, todos los grandes maestros griegos de la época, uno tras otro, hicieron visitas a la capital" (I.29).

La riqueza y cultura fueron realmente impresionantes, no solo para los lidios sino también para sus vecinos helenos. También parece que Sardes fue tal vez una fuente de envidia para sus vecinos griegos de Jonia. En el 499 a. e. c., las ciudades-estado griegas de Jonia estaban bajo el dominio de los persas aqueménidas, lo que era visto como un acontecimiento menos que deseable por los griegos continentales. Estos últimos, principalmente los atenienses y espartanos, instigaron a sus primos jonios a rebelarse contra los persas hasta que Aristágoras, el tirano de Mileto, escuchó el llamado y organizó una rebelión.

La rebelión, conocida como la Revuelta Jónica, resultó ser la primera campaña en las guerras médicas, pero finalmente terminó en un fracaso rotundo para los griegos jónicos. Los esfuerzos griegos en la Revuelta Jónica fueron dirigidos contra Sardes, principalmente porque había una guarnición persa estacionada allí, pero los celos sin duda intervinieron. Los griegos jónicos finalmente tuvieron su oportunidad de hacer quedar mal a los ostentosos lidios en la guerra, un área en la que se creían inherentemente superiores.

Según Heródoto, Aristágoras y los griegos jónicos fueron más allá de la simple captura de Sardes; se dispusieron a destruir la ciudad y sus sitios más sagrados:

> Entretanto, los atenienses llegan a Mileto con sus veinte naves, llevando en su armada cinco galeras de Eretria, las que no militaban en atención a los de Atenas, sino en gracia de los mismos Milesios, a quienes volvían entonces su vez los eretrios, pues antes habían éstos sido socorridos por los de Mileto en la guerra que tuvieron contra los ucidenses, a quienes asistían los samios contra eretrios y milesios. Llegados a Mileto los mencionados, y juntos asimismo los demás de la

confederación jónica, emprende Aristágoras una jornada hacia Sardes (…) Se dejaron caer sobre Sardes, de la cual de cuanto en ella había se apoderaron sin la menor resistencia; (…) Ardía ya toda, cuando los Libios y cuantos persas se hallaban dentro, viéndose cercados por todas partes con las llamas que tenían rodeados ya los extremos de la ciudad, y no dándoles el fuego lugar ni paso para salirse fuera, fuéronse retirando y recogiendo hacia la plaza y orillas del Pactolo, río que llevando en sus arenas algunos granitos de oro, y pasando por medio de la plaza, va a juntarse con el Hermo, que desagua en el mar. Sucedió, pues, que la misma necesidad forzó a lidios y persas, juntos allí cerca del Pactolo, a defenderse de los enemigos; y como viesen los jonios que algunos de aquellos les hacían ya, en efecto, resistencia, y que otros en gran número venían contra ellos, poseídos de miedo fueron retirándose en buen orden hacia el monte que llaman Tmolo, y de allí, venida ya la noche, partieron de vuelta hacia sus naves. En el incendio de Sardes quedó abrasado el templo de Cibeles, diosa propia y nacional; pretexto de que se valieron los persas en lo venidero para pegar fuego a los templos de Grecia (V.99-102).

Capítulo 6: Lidia bajo los persas aqueménidas

Moneda de Lidia de la era aqueménida

Los jonios arrasaron la gran ciudad de Sardes y humillaron a sus habitantes, pero esa fue solamente la más reciente humillación sufrida por los lidios, pues ya habían sido conquistados por los persas. Después de la conquista persa aqueménida de Lidia y la derrota y/o ejecución de Creso, la cultura lidia persistió durante algún tiempo. La conquista persa solo significó que los lidios y Sardes pasaron a formar parte del vasto Imperio aqueménida, no que su cultura fuera destruida. De hecho, inmediatamente después de que Ciro conquistara Lidia, envió el tesoro aqueménida a Sardes y colocó una guarnición militar en la ciudad bajo el general Tábalo (Briant 36). Según Heródoto, Ciro dejó las operaciones cotidianas de Sardes en manos de los lidios, pero eso llevó rápidamente a intentos de rebelión. La rebelión enfureció enormemente a Ciro, y tuvo la intención de vender como esclavos a toda la población de Sardes. Creso, quien viajaba con Ciro, logró finalmente convencer al rey persa de mitigar su castigo de los lidios. Heródoto escribió:

> Después de esto, dejando al persa Tábalo por gobernador de Sardes, y dando al lidio Páctias la comisión de recaudar los tesoros de Creso y de los otros lidios, partióse con sus tropas para Ecbatana, llevando consigo a Creso (…) Apenas Ciro había salido de Sardes, cuando Páctias insurreccionó a los lidios, y habiendo bajado a la costa del mar, como tenía a su disposición todo el oro de Sardes, le fue fácil reclutar tropas mercenarias, y persuadir a la gente de la marina que le siguiese en su expedición. Dirigióse, pues, hacia Sardes, puso a la ciudad sitio y obligó al gobernador Tábalo a encerrarse en la ciudadela (…).
>
> Ciro, muy satisfecho con el consejo, y desistiendo de su primer enojo, dijo a Creso que se conformaba con él; y llamando al efecto al medo Mázares, le mandó que intimase a los lidios cuanto le había sugerido Creso; que fuesen tratados como esclavos todos los demás que habían servido en la expedición contra Sardes (I.155-6).

Con esa proclamación, Ciro perdonó las vidas de los lidios de Sardes y la cultura lidia continuó perseverando. Después de la rebelión, el interés de los persas en Lidia se enfocó principalmente en la riqueza y ubicación geográfica estratégica de esta última, que tenía un fuerte atractivo para los persas. Rápidamente comenzaron a construir una carretera que conectara directamente a Lidia con Persia.

Jarrón del siglo V a. e. c. que representa a Ciro el Grande

Las carreteras no eran algo desconocido en el mundo antiguo antes del siglo VI a. e. c., cuando los egipcios construyeron una serie de carreteras conocidas como los "Caminos de Horus", que conducían desde la fortaleza de Sile en el Delta hasta la ciudad de Rafa en Gaza (Gardiner 99). Los Caminos de Horus se utilizaron desde el Nuevo Reino (ca. Siglo XVI a. e. c.) hasta por lo menos la época del Imperio aqueménida. Justo antes del ascenso de los persas aqueménidas, los asirios construyeron una serie de carreteras que atravesaban sus tierras en todo el Cercano Oriente (Kuhrt 2:535). Los caminos egipcios y asirios que facilitaron el comercio y el transporte militar se usaron principalmente en calidad oficial; el uso privado de las carreteras para viajar era estrictamente restringido. Cuando los persas aqueménidas comenzaron a expandir las fronteras de su reino para convertirse en un imperio durante el reinado de Ciro, se dieron cuenta del valor de un buen sistema de carreteras, y siguieron algunas de las mismas rutas que sus predecesores, pero hicieron mejoras notables.

Una vez que conquistaron Lidia, los persas no perdieron tiempo en construir una carretera de

Sardes a Susa, en el corazón de Persia (Briant 357). Esta carretera se hizo conocida como el "Camino Real Persa", y fungió como la principal arteria de un elaborado sistema de carreteras que desarrollaron durante su periodo como gobernantes del Cercano Oriente, la carretera salía de Sardes en dirección sudeste, y tenía tres paradas antes de dejar Lidia y entrar en Capadocia.

Debido a la gran riqueza de Lidia, los persas vieron la necesidad de integrar Sardes y Lidia a su imperio de la manera más fluida posible. El Camino Real facilitó la integración de Lidia al Imperio aqueménida, pero también sirvió para mantener el comercio y el oro en movimiento desde la capital lidia hacia una de las capitales persas. Según Heródoto, los persas invirtieron sus recursos no solo para hacerlo un camino eficiente, sino también seguro para los viajeros. El historiador señaló: "A intervalos a lo largo de todo el camino hay estaciones reconocidas, con excelentes posadas, y la carretera en sí es segura para viajar, pues nunca sale de las zonas habitadas" (V.52).

Si bien la carretera era lo suficientemente ancha para que cupieran carretas, carros, caravanas y movimientos de tropas grandes, no estaba pavimentada, lo que significaba que partes se tornaban fangosas e intransitables después de lluvias fuertes (Briant 361). La importancia de Lidia en el Imperio aqueménida también puede verse en los textos persas del periodo.

No hay un gran corpus de textos existentes del Imperio aqueménida, pero algunas inscripciones mencionan a Lidia y los lidios como uno de los muchos pueblos súbditos, o satrapías, del Imperio. Un texto del período aqueménida particularmente interesante que menciona a Lidia es la estatua de Darío I (522-486 a. e. c.), descubierta en las ruinas de Susa en 1972 (Roaf 75) y que combina elementos artísticos egipcios y mesopotámicos para crear un pieza única, diferente a cualquier otra del periodo (Harper 220). En las túnicas del rey hay inscripciones cuneiformes en los idiomas elamita, acadio y persa antiguo (Vallat) y un jeroglífico egipcio (Yoyotte). En la base de la estatua está la representación de veinticuatro pueblos súbditos –satrapías– vistiendo sus indumentarias tradicionales distintivas, con características étnicas únicas, sus manos extendidas como para sostener al rey (Roaf 75). Cada uno de los pueblos súbditos está encerrado por su nombre en idioma egipcio en un llamado "anillo fortaleza".

El lidio mencionado como Saprucha está en la decimoquinta posición entre Armenia y Capadocia, vistiendo un turbante tradicional de Lidia (Roaf 126). Los académicos modernos saben que las vestiduras lidias representadas en la estatua son correctas porque una serie de jarrones griegos muestran a lidios vistiendo ropajes similares (Roaf 126). Los persas aqueménidas también representaron a sus pueblos súbditos en una cantidad de otros monumentos encontrados en lugares desde Egipto hasta Bactriana. Tres estelas de Egipto, también de la época de Darío I y conocidas colectivamente por los eruditos modernos como las "Estelas del Mar Rojo" por su procedencia, enumeran catorce de las mismas satrapías en una estela, pero Lidia no es una de ellas (Psener 53-54). Luego de que se descubriera la estatua de Darío I en 1972, los estudiosos determinaron que la muy dañada Estela del Mar Rojo que contiene las catorce satrapías, de hecho estaba completa, y en un tiempo había incluido la misma lista de pueblos encontrada en la base de la estatua (Hinz 118). La lista sigue perfectamente la de la estatua de Darío y culmina con Armenia, lo que significa que, de ser la misma lista, Lidia sería la siguiente satrapía.

Otra representación de los lidios como súbditos del Imperio aqueménida puede encontrarse en las ruinas de la apadana del palacio real de la capital aqueménida de Persépolis. Aunque grandes porciones de la ciudad fueron destruidas por Alejandro Magno, han sobrevivido relieves que representan a los pueblos súbditos trayendo tributos al rey persa. Los lidios están representados en los relieves como la sexta delegación, trayendo lo que parece ser oro y otros artículos preciosos al rey. A los lidios se les representa vistiendo los mismos ropajes y turbantes que en la base de la estatua de Darío (Roaf 126-7). Las representaciones artísticas persas de los lidios son históricamente importantes, pues demuestran que la cultura lidia persistió, a pesar de estar bajo el yugo del Imperio aqueménida, pero las inscripciones y relieves carecen de detalles que puedan ayudar a los estudiosos modernos a determinar el estatus provincial de Lidia. Para esos detalles, los eruditos deben, una vez más, recurrir a Heródoto.

En la mayoría de las listas satrapales persas, los griegos jónicos están notablemente ausentes, aunque estaban claramente bajo el dominio persa. Briant cree que la razón de la omisión de Jonia proviene del hecho de que los persas la consideraban como parte de Lidia (Briant 64). Un pasaje de Heródoto en particular, en el que Darío I obligó a someterse al recalcitrante sátrapa de Lidia, parece confirmar esta idea. Heródoto escribió: "Darío, una vez establecido su poder, estaba ansioso por castigar a Oretes por sus tantos crímenes, y no menos por el asesinato de Mitrobates y su hijo. Pensó que sería imprudente, tal como estaban las cosas, enviar abiertamente una fuerza armada contra él; pues el país se encontraba aún en un estado inestable; él mismo había llegado al trono recientemente, y sabía que Oretes era un hombre poderoso, siendo el gobernador de Frigia, Lidia y Jonia" (III.127).

Antiguo relieve que representa a Darío I de Persia

Heródoto también hizo su propia lista de satrapías aqueménidas, que difería un poco de aquella en la estatua de Darío. Las diferencias notables en la lista de Heródoto incluyen las siguientes: solo están enumeradas veinte satrapías en lugar de veinticuatro, Jonia está enumerada por separado de Lidia, y el tipo y cantidad de tributo que los persas recibían de cada grupo está detallado, pero dado que el número de satrapías bajo los persas fluctuó a lo largo del periodo de su mandato, el hecho de que Heródoto enumere solo veinte no es sorprendente. La porción relevante del texto dice:

> Ahora para la relación del tributo pagado por las veinte provincias:

> El primer gobierno ordenado por Darío se componía de los jonios, de los Magnesios del Asia, de los eolios, de los carios, de los licios, de los Milias y de los panfilios: la contribución para la cual dichos pueblos juntamente estaban empadronados subía a 400 talentos de plata. El segundo gobierno, compuesto de los misios, lidios, Lasonios, Cabalios y los Higeneos, contribuía con 400 talentos. El tercer gobierno, en que estaban encabezados los pueblos del Helesponto que caen a la derecha del que navega hacia el ponto Euxino, a saber, los frigios, los tracios asiáticos, Paflagonios, los Mariandinos y los Sirios, cargaba con 360 talentos de contribución. El cuarto gobierno, que comprendía solo los Cilicios, además de 360 caballos blancos que salían a uno por día, pagaba al rey 500 talentos de plata, de los cuales 140 se quedaban allí para mantener la caballería apostada en las guarniciones de Cilicia, y los 360 restantes iban al erario real de Darío (III. 90).

En la base de la estatua de Darío, las cuatro satrapías enumeradas en este pasaje fueron incluidas como parte de Lidia o de Capadocia. La satrapía lidia proporcionó una gran fuente de ingresos para las arcas reales aqueménidas, pero también se utilizó como base desde la cual el poderoso ejército persa invadió Grecia durante las guerras médicas.

Según Heródoto, la Revuelta Jónica y particularmente el saqueo de Sardes en 498 a. e. c., fue el ímpetu para la invasión de Darío I de la Grecia continental en el 492 a. e. c. "En tanto que Onésilo apretaba el cerco, llegó al rey Darío la nueva de que Sardes, tomada por los atenienses, unidos con los jonios, había sido entregada a las llamas, siendo el autor de aquella trama y también de toda la confederación el milesio Aristágoras. (…) Dada esta orden, llama Darío ante sí al milesio Histieo, a quien hacía tiempo que detenía en su corte, y le habla en estos términos: 'Acabo ahora de recibir la nueva, Histieo, de que aquel regente tuyo a quien confiaste el gobierno de Mileto ha maquinado grandes novedades contra mi corona. Ha traído contra mí hombres del continente al otro lado del mar, y ha persuadido a los jonios –quienes con seguridad pagarán por ello– a unírseles en su servicio, y me ha arrebatado Sardes. Vamos, ¿qué te parece de toda esta maquinación? Dime tú: ¿cabe que esto se haya urdido sin que tú anduvieras en el asunto? Mucho sentiría hallarte después cómplice de tal atentado'" (V.105).

La invasión de Grecia por Darío I fue detenida por los atenieses en la Batalla de Maratón, pero incluso después de la pérdida decisiva allí, el emperador persa no había terminado con sus planes punitivos para Atenas. Según Heródoto, la derrota persa en Maratón solo enfureció aún más al rey aqueménida: "Cuando llegó al rey Darío, hijo de Histaspes y rey de Persia, la nueva de la batalla dada en Maratón, hallándole ya altamente prevenido de antemano contra los atenienses a causa de la sorpresa con que habían entrado en Sardes, acabó entonces de irritarle contra aquellos pueblos, obstinándose más y más en invadir de nuevo la Grecia. Desde luego, despachando correos a las ciudades de sus dominios a fin de que le aprontasen tropas, exigió a cada una un número mayor del que antes le habían dado de galeras, caballos, provisiones y barcas de transporte. En la prevención de estos preparativos se vio agitada por tres años el Asia; y como de todas partes se hiciesen levas de la mejor tropa en atención a que la guerra había de ser contra los griegos, sucedió que al cuarto año de aquellos, los egipcios antes conquistados por Cambises se levantaron contra los persas, motivo que empeñó mucho más a Darío en hacer la guerra a entrambas naciones" (Heródoto, VII.1).

Los registros históricos de la Persia aqueménida no dicen nada sobre la Batalla de Maratón, y poco acerca de las guerras médicas, cosa que no sorprende dado que la tradición histórica de los persas era esencialmente heredada de otras tradiciones del Cercano Oriente que representaban al soberano como siempre victorioso (Cameron 1983, 80-81). Incluso si los persas hubieran seguido tradiciones historiográficas más modernas o helénicas, de igual manera habrían ignorado su pérdida en Maratón debido a su unilateralidad. Según Heródoto, el recuento final de bajas de la batalla fue de 5.400 persas muertos, mientras que los griegos perdieron solo 192 hombres (Heródoto VI.117).

Cualesquiera sean los número reales, los hoplitas griegos muertos fueron enterrados en el sitio de la Batalla de Maratón, lo que llevó a que se convirtiera en un lugar sagrado y en un tesoro arqueológico en siglos posteriores. Las excavaciones arqueológicas modernas en Maratón han revelado que un montículo en el sitio, llamado el "Soros", fue de hecho el lugar de enterramiento de los hoplitas atenienses caídos (Hammond 1968, 14). En cuanto a la recreación de la Batalla de Maratón, los eruditos modernos creen que el montículo es el lugar donde se rompió el centro griego y donde sufrieron las peores bajas (Hammond 1968, 18). Las excavaciones han mostrado que los hoplitas fueron incinerados en masa en una gran pira siguiendo las tradiciones funerarias griegas. Aquellos presentes en el funeral luego tuvieron una gran fiesta, colocaron tierra sobre la pira, y luego tendieron coronas de flores, que efectivamente convirtieron el sitio un monumento.

Cientos de años después, el geógrafo griego Pausanias visitó el sitio y ofreció un informe detallado de lo que vio. Escribió:

> Hay una parroquia llamada Maratón, igualmente distante de Atenas y Caristo en Eubea. Fue en este punto en Ática que los extranjeros desembarcaron, fueron derrotados en la batalla y perdieron algunas de sus embarcaciones cuando estaban preparándose para zarpar. En la planicie está la tumba de los atenienses, y sobre ella hay losas que dan los nombres de los muertos según sus tribus; y hay otra tumba para los boetianos de Platea y para los esclavos, pues los esclavos lucharon por primera vez al lado de sus amos. También hay un monumento separado para un hombre, Miltíades, el hijo de Cimón, aunque su final llegó más tarde, después

de que él falló en tomar Paros y por esta razón había sido llevado a juicio por los atenienses. En Maratón todas las noches se escuchan caballos relinchando y hombres peleando. Nadie que se haya propuesto expresamente contemplar esta visión ha sacado nunca algo bueno de ello, pero los espíritus no se enojan con quienes en ignorancia cambian para ser espectadores. Los maratonios adoran a los que murieron en la lucha, llamándolos héroes, y en segundo lugar a Maratón, de quien la parroquia deriva su nombre, y luego a Heracles, diciendo que fueron ellos los primeros entre los griegos en reconocerlo como un dios (…) Aunque los atenienses afirman que enterraron a los persas, porque en todos los casos la ley divina aplica que un cadáver debe ser puesto bajo tierra, sin embargo, no pude encontrar ninguna tumba" (Pausanias, *Descripción de Grecia*, I. 32. 3).

Montículo en Maratón

La versión de Pausanias no solo es interesante, también llena los vacíos en la versión de Heródoto y la corrobora de otras maneras. Pausanias señaló que los nombres de todos los caídos atenienses estaban escritos sobre losas en el sitio, lo que podría corroborar el número de caídos griegos ofrecido por Heródoto. Si bien este último escribió su historia décadas después de la Batalla de Maratón, algunos de los veteranos todavía estaban vivos, por lo que pudo haberlos consultados como fuentes, pero es improbable que ciudadanos tan ancianos hayan podido darle cifras tan precisas sobre los caídos. Para eso, probablemente estudió las inscripciones que describió Pausanias.

Darío nunca tendría la oportunidad de tomar venganza sobre los atenienses, pues falleció poco después, en 487 a. e. c. (Forrest 2001, 41), pero las guerras médicas continuarían con su hijo y sucesor, Jerjes, quien conduciría un ejército aún más grande a Grecia. Algunos griegos también anticiparon otra invasión persa. El rey espartano Leónidas fue el principal defensor de esta teoría, sosteniéndola incluso cuando Darío murió y fue sucedido por su hijo Jerjes en 486 a. e. c. Bajo Leónidas y su otro rey, Agesilao, los espartanos libraron una serie de campañas en los años que siguieron a la Batalla de Maratón para atraer aliados reacios y simpatizantes persas, y asegurar que cualquier intento de invasión persa fuera rechazado por un frente griego unido.

Relieve que representa a Jerjes

Esa invasión, justo como Leónidas había profetizado, vino en el año 480 a. e. c., cuando Jerjes, a la cabeza de un ejército que Heródoto afirmó superaba el millón de hombres, cruzó el Helesponto (estrecho de los Dardanelos) mediante un colosal puente flotante o de pontones, y marchó su ejército a Tracia, amenazando a Grecia propiamente dicha.

Sardes demostró ser un lugar de preparación ideal para el ejército aqueménida, gracias estar cerca de Grecia pero todavía dentro de Asia, y por ende firmemente dentro del territorio persa. El tesoro lidio, así como los depósitos de oro, le proporcionaron a Jerjes los recursos que necesitaba para financiar una campaña prolongada, que era lo que el rey había planeado, pues tenía la intención de marchar a Europa en lugar de cruzar el Egeo como había hecho Darío I. A principios del año 480 a. e. c., Jerjes y el ejército aqueménida se reunieron en Sardes y se prepararon para su larga marcha a través del Helesponto y hacia Europa. Antes de que Jerjes y los persas se congregaran en Sardes, marcharon por el Camino Real desde el corazón de la tierra persa hasta Lidia. Heródoto describió la escena:

> Al pasar por la ciudad de Anaua, en Frigia, y un lago del que se extrae sal, Jerjes llegó a la gran ciudad de Colosas, donde el río Lycos desaparece bajo tierra para reaparecer aproximadamente media milla más allá, donde también se une al Menderes . Al abandonar Colosas, el ejército se dirigió hacia la frontera de Lidia y llegó a Cidrara, donde una columna con una inscripción establecida por Creso define el límite entre Frigia y Lidia. El camino al entrar en Lidia se divide, una pista conduce a la izquierda hacia Caria, la otra a la derecha hacia Sardes. Un viajero por este último camino tiene que cruzar el Menderes y pasar *Callatebus*, una ciudad donde se realiza la fabricación de miel con jarabe de tamarisco y harina de trigo. Este fue el camino que tomó Jerjes y fue por allí que se encontró con una planta de plátano de tal belleza que se sintió movido a decorarlo con adornos de oro y designar un guardián para él a perpetuidad.

> Al día siguiente llegó a la capital Lidia.

> El primer acto de Jerjes en Sardes fue enviar representantes a todos los lugares de Grecia menos Atenas y Esparta, exigiendo tierra y agua, y una nueva orden de preparar entretenimiento para él por su venida (VII.31-32).

Cuando los griegos se enteraron de que Jerjes y su ejército se estaban congregando en Sardes, enviaron espías a la ciudad para reunir inteligencia. Los agentes pudieron llevar a cabo con éxito la primera parte de su misión, pero luego fueron capturados. Heródoto explicó: "Estas decisiones fueron puestas en vigor inmediatamente. Las disputas privadas se resolvieron y tres hombres fueron enviados a Asia para recopilar información. Llegaron a Sardes y descubrieron todo lo que pudieron sobre el ejército del rey, pero fueron atrapados en el proceso, torturados por los comandantes del ejército persa y condenados a muerte. Pero cuando le dijeron a Jerjes que estaban a punto de ser ejecutados, desaprobó la decisión de este general y envió hombres de su guardia personal con órdenes, si los tres espías aún estaban vivos, de llevarlos ante él. Como la sentencia aún no se había cumplido, los espías fueron llevados al rey, quien, satisfecho con la razón de su presencia en Sardes, ordenó a sus guardias que los llevaran y les dejaran ver a todo el ejército, la infantería y caballería" (VII.146).

Una vez en Sardes, Jerjes no perdió tiempo y condujo rápidamente su ejército fuera de Lidia junto con los puentes de barcas que usaron para atravesar el Helesponto, pero mientras marchaban, les salió al paso un lidio que pidió un favor al rey persa:

> Luego se preparó para avanzar hacia Abidos, donde ya se había construido un puente a través del Helesponto desde Asia a Europa (...) Sin embargo, el ejército no había ido muy lejos cuando Pitio el Lidio, alarmado por la señal del cielo, se envalentonó por los regalos que recibió para venir a Jerjes con una solicitud. 'Señor —dijo— hay un favor que me gustaría que me concedas, una pequeña cosa, de hecho, para que lo realices, pero para mí de gran importancia, si consientes en hacerlo'. (...) 'Mi señor, tengo cinco hijos, y sucede que cada uno de ellos está sirviendo en tu ejército en la campaña contra Grecia. Quisiera que, compadecido de la avanzada edad en que me veis, dieseis licencia al primogénito para que, exento de la milicia, se quedase en casa a fin de cuidar de mí y de mi propiedad'. Jerjes estaba furiosamente enojado. '¿Cómo tú, hombre ruin, viendo que yo en persona hago esta jornada contra la Grecia, que conduzco a mis hermanos, a mis familiares y amigos, te has atrevido a hacer mención de ese tu hijo que, siendo mi esclavo, debería en ella acompañarme con toda su familia?' (...) Acabada de dar esta respuesta, dio orden a los ejecutores ordinarios de los suplicios que fuesen al punto a buscar al hijo primogénito de Pitio, y hallado le partiesen por medio en dos partes, y luego pusiesen una mitad del cuerpo en el camino público a mano derecha, y la otra a mano izquierda, y que entre ellas pasase el ejército. Ejecutada así la sentencia, iba desfilando por allí la armada. (...) De este modo salió Jerjes de Sardes" (Heródoto VII.33-41).

Una vez que Jerjes y su ejército dejaron Lidia, todas sus batallas contra los griegos tuvieron lugar en Europa, así que los lidios se salvaron de otras atrocidades como la que sufrió Pitio. Ultimamente, la invasión persa bajo Jerjes también terminaría en fracaso gracias a batallas legendarias como las de las Termópilas y Salamina (Forrest 2001, 41), y en retrospectiva, la Batalla de Maratón fue el evento crucial, y los atenienses el principal agente en las guerras médicas. Fueron los atenienses quienes instigaron a los jonios a la rebelión y posteriormente provocaron la ira de los persas, y fueron los atenienses quienes derrotaron rotundamente a los persas en Maratón, lo que preparó el escenario para las batallas posteriores de Termópilas, Salamina y Platea.

Quizás el mayor efecto que tuvo la Batalla de Maratón en el mundo griego fue el nivel de confianza que otorgó a Atenas. De hecho, el comienzo del siglo V a. e. c. marcó el inicio de la Edad de Oro de Atenas, que involucró a algunos de los hombres más famoso de la ciudad, como Sócrates y Platón. Antes de Maratón, Atenas luchó con tiranos y muchos otros enemigos griegos, pero después de esta épica batalla, los atenienses pasarían a encabezar exitosamente la Liga Panhelénica, junto con Esparta, contra Jerjes y los persas.

Por supuesto, las victorias también colocarían a Atenas y Esparta en curso de colisión hacia la Guerra del Peloponeso a finales del siglo V, una guerra tan devastadora que ayudaría a provocar el colapso general de la independencia griega. Lidia también desempeñaría un papel importante poco después de ese conflicto.

Lidia es mencionada en muy pocos textos históricos en las décadas posteriores a las guerras médicas, pero a finales del siglo V a. e. c., fue usada una vez más como área de preparación para una gran campaña militar. En el 401 a. e. c., los griegos y persas tuvieron una tregua incómoda, aunque un número de mercenarios griegos recién salidos de la guerra del Peloponeso ofrecieron sus habilidades marciales a los persas.

Una campaña importante, liderada por el general espartano Jenofonte, tenía la intención de derrocar al rey persa reinante, Artajerjes II (404-358 a. e. c.), e instalar a su hermano Ciro en el trono. El relato de la campaña, escrito por Jenofonte (la *Anábasis de Ciro* o *Expedición de los Diez Mil*), detalla cómo 10.000 griegos hoplitas tuvieron que abrirse camino luchando a través de cientos de millas de territorio persa después de que su benefactor fuera asesinado en la Batalla de Cunaxa.

Según Jenofonte, los mercenarios griegos y sus aliados persas utilizaron Sardes como un área de preparación, de la misma manera que Jerjes hizo décadas atrás, pero en lugar de marchar hacia le norte y el oeste hacia Europa, la campaña se dirigió al este hacia Asia. "De este modo, Jenias compareció en Sardes con los hombres de las ciudades, alrededor de cuatro mil hoplitas; Próxeno acudió con unos mil quinientos hoplitas y quinientos gimnetas; Soféneto de Estinfalia, con mil hoplitas; Sócrates de Acaya, con cerca de quinientos hoplitas; Pasión de Megara se presentó con trescientos hoplitas y trescientos peltastas; tanto éste como Sócrates eran de los que sitiaban Mileto. Todos éstos llegaron a Sardes a la llamada de Ciro (...) Con las tropas que he mencionado Ciro partió de Sardes, y en tres etapas avanzó a través de Lidia veintidós parasangas hasta el río Meandro (…)" (Jenofonte, *Anábasis*, I.2).

Después de que Ciro fue asesinado en la Batalla de Cunaxa, Jenofonte y los griegos se retiraron hacia el norte hasta llegar al Mar Negro, donde viajaron a casa en barco, evitando así a Sardes.

Capítulo 7: Lidia y Sardes después de los persas

Lidia y Sardes desempeñaron un papel importante en el Imperio aqueménida por razones económicas y estratégicas, pero su importancia no disminuyó inmediatamente cuando los persas fueron finalmente derrotados por los griegos. La rivalidad entre los griegos y los persas se aplacó durante más de cien años, hasta que Alejandro III de Macedonia conquistó Grecia y luego volvió su mirada al este. El objetivo final de Alejandro Magno era conquistar el Imperio aqueménida y difundir la cultura helénica en todo el Cercano Oriente, pero antes de que pudiera lograr esa hazaña, tendría que marchar a través de Lidia.

Antiguo busto de Alejandro Magno

Cuando Alejandro y sus macedonios marcharon a Asia, el primer objetivo importante era la gloriosa ciudad de Sardes. Arriano, un historiador griego del siglo II e. c., escribió: "Su siguiente objetivo fue Sardes. Se encontraba aún a unas ocho o nueve millas de distancia cuando fue recibido por Mitrenes, el oficial al mando de la fortaleza interior; con él estaban los hombres principales de la ciudad, que habían venido a entregarlo a Alejandro, mientras que Mitrenes hizo lo mismo por la fortaleza y el tesoro. Alexander se detuvo en el Hermo, un río a unos dos kilómetros y medio de Sardes, y envió a Amintas, hijo de Andrómenes, para hacerse cargo de la fortaleza; A Mitrenes lo mantuvo con su propia comitiva, tratándolo de una manera adecuada a su rango, mientras que a la gente de Sardes y a los demás lidios les permitió observar las antiguas costumbres de su país y les dio su libertad" (Arriano, *Anábasis de Alejandro*, I.17).

Quizás el aspecto más interesante de este pasaje es lo que no dice. No se menciona la riqueza de Sardes, su afamado tesoro, o sus depósitos de electro, que Alejandro habría podido usar para ayudar a financiar su campaña. Parece que, para el siglo IV a. e. c., la riqueza de Lidia había disminuido, pero no desaparecido por completo. Sardes continuó operando como un centro de comercio hasta bien entrada la Antigüedad tardía, primero bajo los romanos y luego bajo el Imperio bizantino, pero la venerable ciudad Lidia sufrió los efectos de la competencia y la geografía, los romanos descubrieron abundantes depósitos de oro en España y otros lugares de Europa. También se desarrollaron otras ciudades de mercado, como Palmira. Estas ciudades estaban ubicadas a lo largo de las rutas de caravanas clave, que conectaban el Imperio romano con las tierras y riquezas del Este. A Sardes tampoco la ayudó su ubicación sin salida al mar, que limitaba tanto la cantidad de mercancías que se podían enviar, como la velocidad a la que se enviaban.

El antiguo baño-gimnasio en Sardes
Fotografías de Carole Raddato

En las últimas etapas del Imperio romano, la cultura lidia había desaparecido casi por completo, aunque Sardes continuó existiendo hasta el periodo otomano, cuando se convirtió en una colección de ruinas.

Ruinas del Imperio bizantino en Sardes

Ruinas en la ciudad Lidia de Tiatira

Recursos en línea

Otros libros sobre historia antigua por Charles River Editors

Otros libros sobre los lidios en Amazon

Bibliografía

Rhodes, P.J. *A History of the Classical Greek World 478-323 BCE* [Historia del mundo griego clásico 478-323 A. E. C.]. 2da edición. Chichester: Wiley-Blackwell, 2010, p. 6.

"Lydia" en: *Oxford Dictionary of English* [*Diccionario Oxford de Inglés*]. Oxford University Press, 2010. Oxford Reference Online. 14 Octubre 2011.

Tavernier, J. (2007). *Iranica in the Achaemenid period (ca. 530-330 BCE): Lexicon of Old Iranian Proper Names and Loanwords, attested in Non-Iranian Texts* [Iranica en el periodo aqueménida (ca. 530-330 A. E. C..): léxico de antiguos nombres propios y préstamos lingüísticos iraníes, atestiguado en textos no iraníes]. Peeters. p. 91. ISBN 90-429-1833-0.

http://www.sciencedaily.com/releases/2007/06/070616191637.htm

H. Craig Melchert "Greek *mólybdos* as a Loanword from Lydian" [El *mólybdos* griego como préstamo lingüístico del lidio], University of North Carolina in Chapel Hill, pp. 3, 4, 11 (fn. 5).

Estrabón xiii.626.

Calmet, Augustin (1832). *Dictionary of the Holy Bible* [Diccionario de la Santa Biblia]. Crocker and Brewster. p. 648.

Karl Kerenyi, *The Heroes of the Greeks* [Los héroes de los griegos], 1959, p. 192.

Higino, *Astronomica* ii.14.

Eurípides. *The Complete Greek Tragedies Vol IV*. [Las tragedias griegas completas], Ed. por Grene y Lattimore, línea 463

Heródoto. *Los nueve libros de la Historia*, I, 94.

Carradice y Price, Coinage in the Greek World [Las monedas en el mundo griego], Seaby, Londres, 1988, p. 24.

N. Cahill y J. Kroll, "New Archaic Coin Finds at Sardis" [Nuevos hallazgos de monedas arcaicas encontradas en Sardes] American Journal of Archaeology, Vol. 109, No. 4 (Octubre 2005), p. 613.

A. Ramage, "Golden Sardis" ["Sardes Dorada"], en *King Croesus' Gold: Excavations at Sardis and the History of Gold Refining* [El oro del rey Creso: Excavaciones en Sardes y la historia de la refinación del oro], editado por A. Ramage y P. Craddock, Harvard University Press, Cambridge, 2000, p. 18.

M. Cowell y K. Hyne, "Scientific Examination of the Lydian Precious Metal Coinages" [Examen científico de las monedas de metales preciosos de Lidia] en *King Croesus' Gold: Excavations at Sardis and the History of Gold Refining*, Harvard University Press, Cambridge, 2000, pp. 169-174.

L. Breglia, "Il materiale proveniente dalla base centrale dell'Artemession di Efeso e le monete di Lidia" [El material proveniente de la base central del Artemision de Éfeso y las monedas de Lidia], Istituto Italiano di Numismatica Annali Vols. 18-19 (1971/72), pp. 9-25.

E. Robinson, "The Coins from the Ephesian Artemision Reconsidered" [Las monedas del Artemision efesio reconsideradas], Journal of Hellenic Studies 71 (1951), p. 159.

M. Mitchiner, Ancient Trade and Early Coinage [Comercio antiguo y primeras monedas], Hawkins Publications, Londres, 2004, p. 219.

Periodo lidio de Anatolia

Le Quien, *Oriens Christianus*, i. 859–98

Annuario Pontificio 2013 (Libreria Editrice Vaticana 2013 ISBN 978-88-209-9070-1), "Sedi titolari" [Sedes titulares], pp. 819-1013